Ye   9588

LETTRE

DE
GABRIELLE D'ETRÉES
A HENRI IV.

Précédée d'une Épitre
a M. de Voltaire et de sa réponse.

Par M. Blin de Sainmore.

A PARIS,

De l'Imprimerie de Sébastien Jorry, rue &
vis-à-vis la Comédie Françoise, au Grand
Monarque & aux Cigognes.

M. DCC. LXVI.
Avec Aprobation.

AVERTISSEMENT.

Rien de plus intéressant que le Sujet de cette Héroïde : c'est l'éloge d'un Roi dont la mémoire fera toujours chère à la France. Il fufit de nomer HENRI IV. pour exciter dans tous les cœurs l'intérêt le plus vif, & c'est peut-être à ce nom seul que je dois la préférence que plusieurs persones donent à ce Poëme sur mes autres ouvrages du même genre. Lorsqu'à la mort du dernier DUC DE BOURGOGNE, il a été permis au Peuple d'entrer dans les caves de S. Denis, on a remarqué que persone ne s'aprochait du cercueil d'HENRI IV. qu'avec un respect mêlé d'atendrissement. Un home né parmi des Peuples idolâtres demanda, en arivant à Paris, si HENRI IV. n'y avait point de temple : On lui répondit que ce Monarque n'en avait jamais eu que dans le cœur de tous les Français. La France n'eſt pas le ſeul païs où ſa mémoire ſoit honorée : j'ai conu des Etrangers qui m'ont avoué qu'en paſſant ſur le Pont-Neuf, ils étaient ſouvent tentés de ſe proſterner devant ſa Statue. LOUIS XIII. (dit l'Auteur de l'Eſſai ſur l'Hiſtoire Univerſelle) fut ſurnomé LE JUSTE, parce qu'il était né ſous le Signe de la Balance : HENRI IV. fut ſurnomé LE GRAND, à cauſe de ſa valeur, & ſurtout à cauſe de ſon caractère de clémence & de bonté.

PARMI les Rois qui ont gouverné la France, deux ſeulement me ſemblent avoir aquis une réputation plus éclatante & plus durable que les autres : LOUIS XII. & LOUIS XIV. Le premier, ſecondé par le Cardinal d'Amboiſe, ne voulait que le bonheur de ſes Sujets : mais peut-être n'a-t-il pas réuni toutes les qualités brillantes & quelquefois funeſtes qui éblouiſſent dans les Héros : ce fut un des meilleurs Princes qui aient régné ſur les Homes. Le ſecond, précédé par le Cardinal de Richelieu, porta la grandeur françaiſe à ſon dernier période ; mais cette grandeur coûta bien cher à la Nation ; il a ſacrifié trop ſouvent ſon bonheur à ſa gloire : ce fut un des plus grands homes qui aient étoné l'Univers. Henri IV. a ſu réunir & la bonté de l'un & la grandeur de l'autre.

Je trouve beaucoup de reſſemblance entre ce Prince & Céſar. Tous deux étaient Grands, Bons, Clémens, Braves, Généreux & Senſibles ; tous deux ont fait des Comentaires *,

---

* On ignore aſſez comunément qu'à l'exemple de Céſar, Henri IV avait comencé des Comentaires ſur ſes Campagnes. On m'a aſſuré que ce Manuſcrit, trouvé dans ſes papiers, était actuellement dans le Cabinet du Roi.

& tous deux font morts affaffinés. Céfar combatit pour ufurper le Trône : HENRI IV. pour monter fur celui qui lui apartenait ; l'un fut fuivi de LOUIS XIV. dont le fiécle fut le plus brillant de la Monarchie Françaife : l'autre de Céfar-Augufte, qui porta l'Empire Romain au comble de la fplendeur. On a dit quelque part que l'Etre le plus parfait qui aît éte formé par la Nature était fans contredit Céfar : on pourait y fubftituer HENRI IV.

CE Monarque avait toutes les qualités néceffaires pour gouverner fes Peuples & pour les rendre heureux. Come il était né très-fenfible, l'Amour devint naturellement fa feule faibleffe. Mais quelqu'afcendant que cette paffion eût fur lui, elle ne lui fit jamais cometre une injuftice. L'on fait affez avec quelle fermeté & quelle conftance il défendit Sulli des intrigues de fes Courtifans & de ſes maîtreſſes qui cherchaient à perdre ce Miniſtre dans ſon eſprit. Perefixe, Evêque de Rodez & Précepteur de Louis XIII. a écrit la vie d'Henri IV. Il y a peu d'hiſtoires qui, écrites d'un ſtyle ſurané, ſe faſſent lire avec autant de plaiſir ; il y régne une onction qui atache juſqu'à la fin ; on y eſt intéreſſé dans les plus petits détails.

De toutes les femmes qu'Henri IV. a aimées, celle qui, dans ſa vie, a joué le rôle le plus brillant, celle qui lui a été la plus chère, c'eſt Gabrielle d'Etrées ; c'eſt auſſi celle que j'ai choiſie pour l'héroïne de mon ouvrage. Quoique la grandeur des Rois paraiſſe anoblir juſqu'à leurs faibleſſes, je n'aurais point atiré l'atention, ſi je n'avais peint Gabrielle que come la maîtreſſe d'un Roi uniquement ocupée de ſes amours : mais une femme qui, témoin d'un régne auſſi barbare que celui de Charles IX. ſe rapelle au lit de la mort toutes les horreurs qu'elle a vues, & y opofe les actions généreufes d'HENRI IV. n'a-t-elle pas droit d'intéreffer le cœur de tout Français ? On me reprochera peut-être quelques anacronifmes : mais je n'ai rien à répondre, finon que j'écris en vers, & que la vraifemblance eft la feule vérité des Poëtes. La dificulté de rendre tous ces récits vraifemblables me done des droits fur l'indulgence des Lecteurs.

QUELQUES perfones auraient defiré que, dans ce Poëme, Gabrielle d'Etrées n'eût parlé que de fon amour ; elles ont penfé que fa paffion devait feule faire l'ame de cette Héroïde : mais j'ai craint qu'alors cet Ouvrage ne rentrât pour le fond dans la foule des Lètres amoureufes ; il m'a femblé qu'il était plus intéreffant de faire un tableau vif & touchant du régne d'HENRI IV. & que, pour augmenter encore l'intérêt, je devais l'ofrir au Public

dans

dans la bouche d'une maîtreſſe tendre & paſſionée, à l'inſtant même où elle eſt prête à ſe ſéparer pour jamais du héros qu'elle aime.

J'ai toujours diſtingué pluſieurs ſortes d'Héroïdes: l'Héroïde de ſituation, come celle de CHARLES I. à Cromwel & celle de Calas; l'Héroïde de paſſion, come celles d'Héloïſe & de Biblis. L'une doit être vive, courte & rapide: l'autre, étant le dévelopement d'un cœur combatu par deux paſſions contraires, doit avoir plus d'étendue. J'ai tâché, autant que le Sujet me l'a permis, de réunir dans Gabrielle d'Etrées les avantages des deux genres.

EN adreſſant à M. de Voltaire l'Epître qui précéde cette Héroïde, je n'ai point prétendu mendier le ſufrage de ce grand home: mon deſſein n'a été que de rendre homage à celui de tous les Ecrivains qui, par l'univerfalité de fes talens, a fait fans contredit le plus d'honeur aux Lettres. N'eft-il pas jufte, après tout, de dédier un Ouvrage, où il eft queftion d'HENRI IV. au génie fameux qui, par le feul Poëme que la France avoue, a immortalifé les vertus de ce grand Roi?

COME les Vers, par lefquels cet illuftre Poëte a bien voulu répondre aux miens, ont couru manufcrits & font conus de tout le monde, je n'ai point fait dificulté de les faire paraître ici. La critique qu'ils contiennent done un nouveau prix aux éloges qui l'acompagnent, & j'ai cru ne pouvoir mieux lui témoigner ma reconaiffance qu'en travaillant à profiter de fes confeils.

EPITRE
A M. DE VOLTAIRE.

O TOI, dont le brillant génie,
Près de Corneille & de Milton,
Tient le sceptre de l'harmonie,
Et vole aux Cieux avec Neuton,
Folâtre & sage Anachorète,
Qui, sur le plus aimable ton,
Fais revivre dans ta retraite
Chaulieu, Démocrite & Platon, *
Ami des Rois, Amant des Grâces,
Permets que de ta gloire épris,

---

* Les diférens caractères de ces trois Philosophes sont assez conus : le premier chantait la volupté sur le ton le plus séduisant ; le second s'amusait à rire de la folie des homes, & le troisiéme déploïait dans ses écrits la morale la plus sublime.

J'ose célébrer sur tes traces,
Le plus fameux de nos Henris.
De la sensible Gabrielle
Tu chantas les premiers plaisirs :
Protége-la ; sois-lui fidèle
Jusques à ses derniers soupirs.
Ton esprit, toujours sûr de plaire,
Sublime & plaisant tour-à-tour,
Semblable au feu du Dieu du Jour,
Et nous échaufe & nous éclaire.
Heureux, qui loin de ce séjour,
Loin des orages de la Cour,
Et loin du soufle de l'Envie,
Come toi ressent chaque jour
L'ivresse de la Poësie
Avec l'ivresse de l'Amour !

 Ainsi que le divin Homère,
Au plus haut du Pinde monté,
De ton génie illimité
Tu fais parler l'Europe entière ;

A M. DE VOLTAIRE.

Mais, de la triste humanité,
Ce Chantre heureux n'a pas été,
Ainsi que toi, le tendre père. *
Ah! plaignons un Fou studieux
Dont l'ame sensible & volage
S'exhale en sons mélodieux,
Et qui, par un vain étalage,
De la sagesse, à tous les yeux,
Sans cesse fait briller l'image
Dans ses écrits ingénieux,
Et n'en devient jamais plus sage:
On doit agir come les Dieux,
Quand on sait parler leur langage.

Si le destin m'avait fait Roi,
Que mon plaisir serait extrême
De faire asseoir au rang suprême

---

* On sait que la plupart des écrits de M. de Voltaire respirent l'humanité, & l'on n'ignore pas les services que ce grand home a rendus à la famille de Corneille & à celle de Calas.

Un Philofophe come toi !
Mais que t'importe la chimère
De ces brillans & vains honeurs ?
Paris a cent mille Seigneurs,
Et l'Europe n'a qu'un Voltaire.
  Guide mon vol audacieux,
Et, des rives de l'Hipocrène,
Porte mon char au haut des Cieux.
Ma Mufe a befoin d'un Mécène :
Le jeune Lière, fans apui,
Triftement rampe fur l'arène ;
Mais, foutenu par un vieux chêne,
Le Lière aux Cieux monte avec lui.
Pour toi, dans les routes divines
Des beaux Jardins du Dieu des Vers,
Les rofes naiffent fans épines,
Et les lauriers font toujours verds:
Pour moi, dès qu'un efpoir funefte
Me fait aprocher de ces lieux,

La rose fuit, l'épine reste,
Et le laurier séche à mes yeux.

　Il est vrai, d'illustres sufrages
Ont honoré mes jeunes ans :
Le succès des premiers ouvrages
Fait quelquefois tous nos talens.
Semblable au papillon volage
Qui, fidèle en ses goûts légers,
Quite l'œillet, pour rendre homage
Aux moindres fleurs de nos vergers :
De même, aveugle en sa manie,
Le Public a souvent quité
Un grand home, pour un Génie
Qui n'avait que la nouveauté.
Flaté de la faveur légère
Dont on a daigné m'acueillir,
D'une caresse passagère
Je ne sais point m'enorgueillir.
Ainsi toujours cherchant à plaire,
J'aspire à des succès nouveaux ;

Ce n'est qu'en tâchant de mieux faire
Que je veux nuire à mes rivaux.
Loin que ma Muse s'en impose,
Je sais le prix de mes travaux ;
Mais, Voltaire, juge ma cause :
Peut-on sentir ce que tu vaux,
Et ne pas valoir quelque chose ?

※

RÉPONSE

RÉPONSE
DE
M. DE VOLTAIRE.

Mon amour-propre eſt vivement flaté
De votre écrit : mon goût l'eſt davantage.
On n'a jamais, par un plus doux langage,
Avec plus d'art, bleſſé la vérité.

Pour Gabrielle, en ſon apoplexie,
D'aucuns diront qu'elle parle longtems :
Mais ſes diſcours ſont ſi vrais, ſi touchans,
Elle aime tant qu'on la croirait guérie.

Tout Lecteur ſage avec plaiſir véra
Qu'en expirant la belle Gabrielle
Ne penſe point que Dieu la damnera,
Pour trop aimer un Amant digne d'elle.

Avoir du goût pour le Roi Très-Chrétien,
C'eſt œuvre pie : on n'y peut rien reprendre.
Le Paradis eſt fait pour un cœur tendre,
Et les Damnés ſont ceux qui n'aiment rien.

LETTRE
DE
GABRIELLE D'ETRÉES
A HENRI IV.

Dans ce calme éfraïant, où la douleur moins vive
Retient chez les humains mon ame fugitive,
Où, suspendu sur moi, le glaive de la Mort
S'aprête à terminer mes tourmens & mon sort,

LETTRE

Où, de ce Dieu vengeur, que je crains & que j'aime,
J'atens, en frémiſſant, la Sentence ſuprême,
Il m'eſt encor permis (1) de tracer à tes yeux
Mes derniers ſentimens & mes derniers adieux.

Tu ſais combien l'Amour, égarant ma faibleſſe,
Dans de foles erreurs a plongé ma jeuneſſe ;
Tu ſais combien de fois, armé de vains éforts,
Mon cœur, prêt à ſe rendre, étoufa ſes tranſports :
Je réſiſtai longtems : mais ce jour favorable,
De clémence & de gloire exemple mémorable,

---

(1) Pendant qu'Henri IV. était à Fontainebleau, Gabrielle d'Etrées, entendant les Ténébres du Mercredi Saint en 1599. dans l'Egliſe de Saint Julien des Méneſtriers à Paris, ſe ſentit tout-à-coup frapée d'apoplexie. On la tranſporta dans une maiſon voiſine. Elle ſe trouva beaucoup mieux ; les Médecins mêmes comencèrent à en eſpérer : mais le Samedi ſuivant, elle reſſentit une autre ataque dont elle mourut. C'eſt dans l'intervale de ces deux ataques arivées en 4 jours qu'elle eſt ſupoſée adreſſer cette Epître à Henri IV. Il eſt naturel, ce me ſemble, que, les plus fortes douleurs calmées, ſa première penſée ſoit d'écrire à ſon Amant.

Ce jour, (2) où contre toi tes Peuples révoltés,
Défiant ton courage & bravant tes bontés,
Se laissaient consumer par la faim dévorante;
Où, sensible aux clameurs d'une ville expirante,
Tu voulus de ton peuple oublier les forfaits;
Où Paris étoné vécut de tes bienfaits;
Ce triomphe, où si grand tu parus si modeste,
Vint à mon faible cœur tendre un piége funeste.
Hélas! je vis ce cœur sans cesse combatu,
Infléxible à tes feux, se rendre à ta vertu.
Qui pourait résister à de si nobles charmes?
Paris te courona : je te rendis les armes;
Et ta clémence enfin, utile à tes projets,
Te fit vaincre en un jour mon cœur & tes Sujets.

Oui, ce fatal instant, marqué par ma faiblesse,

―――――――――

(2) La réduction de Paris. Cette ville périssait par la famine. Henri IV. qui l'assiégeait fut atendri de son sort & la secourut. Les Parisiens, touchés d'une si grande générosité, tombèrent aux pieds d'Henri IV. & se rendirent. Ce n'est pas la seule fois que ce Prince fit éclater sa bonté dans les combats. On sait qu'après la bataille de Coutras, il rendit aux vaincus le butin & les prisoniers.

Dans mon esprit confus, se retrace sans cesse;
Sans cesse le plaisir, repoussant le remord,
Vient mêler ses atraits aux horreurs de la mort.
Je crois encor te voir ; je crois encore entendre
Les sons de cette voix si flateuse & si tendre.
Je revois ces bosquets, ce dangereux séjour, (3)
Formé par la Nature, embéli par l'Amour,
Où le soufle léger du jeune Amant de Flore
Opose, aux feux du jour, la fraîcheur de l'aurore;
Où l'art industrieux fait briller à la fois
Le luxe des plaisirs & le faste des Rois;
Où, sur un lit de fleurs, au sein de l'opulence,
La molesse s'endort dans les bras du silence.
Je t'apelle... ta voix répond à mes accens;
Les flâmes de l'amour embrâsent tous mes sens;
Je brule, je frémis... ta mourante maîtresse,
En craignant les plaisirs, s'y plonge avec ivresse.

---

(3) Anet, séjour délicieux sur les bords de l'Eure. Ce Château avait apartenu à Diane de Poitiers, maîtresse d'Henri II. On y voit encore ses armes. Gabrielle l'ocupa ensuite; & c'est, je crois, à la Maison du Maine qu'il apartient aujourd'hui.

QUELLE coupable erreur vient encor me tromper?
Ah! peignons-nous plutôt la mort prête à fraper :
Déja je l'aperçois... Déja ma tombe s'ouvre,
Et l'abîme éternel à mes yeux se découvre.
Quelle afreuse clarté luit au milieu des airs !
Qui brise sous mes pas les portes des Enfers ?
Ciel ! quels feux dévorans !... Que de cris !... Gabrielle !..
Quelle terrible voix sous ces voutes m'apelle ?
Je te vois, ô mon Juge, & de ton Tribunal
J'entens, avec éfroi, sortir l'arêt fatal.
Dans quel goufre enflamé ta justice éternelle
Entraîne des humains la foule criminelle ?
Un instant de faiblesse & les plus grands forfaits
Sont-ils, aux mêmes maux, condamnés pour jamais ?
Mon Dieu, punirais-tu dans tes arêts sévères,
Par des maux éternels, des fautes passagères ?

HÉ quoi! tous ces plaisirs si doux, si pleins d'atraits,
Précédés par la crainte & suivis des regrets,
Ne laissent dans nos cœurs qu'une tristesse amère !
Du bonheur des Humains voilà donc la chimère !
Dieu terrible ! eh ! quels sont vos prétendus bienfaits ?
Ne nous donez-vous donc que des biens imparfaits ?

A mes pleurs, à mes cris feriez-vous infléxible?
Puniriez-vous mon cœur d'avoir été fenfible?
Eſt-on ſi criminel en aimant à la fois
Le plus grand des Humains & le meilleur des Rois?
Oui, de votre bonté mon amant eſt l'image :
Hélas! aimer Bourbon, c'eſt aimer votre ouvrage.
N'eſt-ce pas vous, Grand Dieu, dont le bras tout-puiſſant,
Deux fois ſauvant ſes jours du glaive menaçant, (4)
Le conduiſit vainqueur au Trône de ſes pères?
Par vous, ſa foi ſoumiſe au joug de nos myſtères
Des enfans de Calvin abandona l'erreur,
Et la grace des Cieux deſcendit dans ſon cœur.

CHER Amant, cher objet de ma faibleſſe extrême,
Tu vois, par mes combats, à quel excès je t'aime;
Si d'une égale ardeur tu fus jamais épris,
J'oſe de mon amour te demander le prix.

---

(4) Henri IV. avait manqué deux fois d'être aſ-
faſſiné par Barrières & Châtel. Ce fut dans la chambre
de Gabrielle d'Etrées qu'en 1595. Le dernier de ces
deux Scélérats s'introduiſit pour comètre ce par-
ricide.

Ce n'est pas que, briguant le vain titre de Reine, (5)
Je veuille à tes côtés m'asseoir en Souveraine,
Ou qu'admise au Conseil, ou réglant le Sénat,
J'aspire à gouverner les rênes de l'Etat ;
Dans la nuit de la tombe, hélas ! prête à descendre,
D'Etrée à tes grandeurs n'a plus rien à prétendre :
Mais si souvent ma voix, propice aux malheureux,
En te peignant leurs maux, t'intéressa pour eux ;
Si je puis espérer que, pour grace dernière,
Tu prêteras encor l'oreille à ma prière :
Sur mes tristes enfans, Henri, tourne les yeux ;
Vois de nos tendres cœurs ces gages précieux,
Que la Nature avoue & que la Loi rejète ;
Formés du sang des Rois au sein de ta Sujète,
Ces inocens vers toi lévent leurs faibles mains ;

---

(5) Henri IV. fit Gabrielle d'Etrées, Duchesse de Beaufort. Il lui promit de l'épouser & de légitimer ses enfans. Il était même prêt à exécuter ce dessein, lorsqu'elle mourut. Il eut d'elle deux fils & une fille : César, Duc de Vendôme, Alexandre, Grand-Prieur de France, mort prisonier d'Etat, & Henriette qui fut mariée à Charles de Lorraine, Duc d'Elbeuf.

Daigne, en les adoptant, veiller sur leurs destins.
Véras-tu tes enfans, rebut de la fortune,
Traîner dans les afronts une vie importune ?
Véras-tu sans pitié des Princes de ton sang,
Dans la foule inconus, ramper au dernier rang ?
Peux-tu, les punissant des fautes de leur mère,
Les priver du plaisir de conaître leur père ?
Je ne demande point que, placés après toi,
Ils écartent du Trône un légitime Roi :
Funeste ambition, injustice cruelle,
Non, vous ne régnez point au cœur de Gabrielle.
Ah ! c'est assez pour moi qu'élevés par tes soins,
De tes rares vertus mes enfans soient témoins ;
Qu'ils sachent qu'en tous tems, fidéles à leurs Maîtres, (6)
La France, au champ de Mars, vit périr mes ancêtres,
Et qu'ils puissent, comme eux dédaignant le repos,
S'ils ne sont pas des Rois, être un jour des Héros.

---

(6) Gabrielle d'Etrées d'une anciene Maison de Picardie, étoit fille & petite-fille d'un Grand-Maître d'Artillerie. Henri IV. dona au Comte d'Etrées son père le Gouvernement de Noyon.

Hélas ! ce n'est pas-là le seul soin qui me presse :
Ta bonté, sur leur sort, rassure ma tendresse :
Mais, si je puis enfin t'expliquer ma terreur,
Tout ici devant moi se peint avec horreur.
Avant que pour jamais la mort ferme ma bouche,
Il faut que, révélant un secret qui te touche,
Je dise ce qu'un songe ofre à mes tristes yeux.
Un songe bien souvent est un avis des Cieux.
A peine du someil la faveur passagère
Vient suspendre mes maux & fermer ma paupière,
Qu'à mes yeux éfraïés un Spectre menaçant
Sort du fond de la tombe & jète un cri perçant.
Un Sceptre est à ses piés. La mort, qui l'environe,
De ses voiles afreux envelope le Trône.
Que vois-je, m'écriai-je ? Ah ! Valois, est-ce vous ?
» Oui, c'est moi, me dit-il, qui tombai sous les coups
» D'un Peuple qu'un faux zéle a conduit dans le crime.
» Grand Dieu, fais que j'en sois la dernière victime.
Le Spectre fuit : tout change ; & mon œil étoné
De tes nombreux Sujets te trouve environé.
Mais, tandis qu'enivrés de tendresse & de joie

Tous les cœurs au plaifir s'abandonent en proie;
Soudain, armé d'un fer, un Monftre furieux
Vient, vole, aproche, frape... & tout fuit à mes yeux.

De la Ligue, en un mot, crains l'hidre menaçante.
Dans l'ombre de la nuit fa tête renaiffante
Se cache, en méditant des projets pleins d'horreur;
Son repos eft à craindre autant que fa fureur.
Ecarte, loin de toi, ces Moines politiques
Qui, fous un front timide efclaves defpotiques,
Fameux dans l'art de feindre & prêts à tout ofer,
Ne rampent près des Rois que pour les maîtrifer.
Crains qu'un autre Clément, du fein de la pouffière, (7)
Ne puiffe quelque jour de fa main meurtrière,
Croïant venger l'Eglife & méprifant fes loix,
Te joindre dans la tombe au dernier des Valois.

Je fais que le Français eft né doux & fenfible;
Que fon ame aux vertus n'eft point inacceffible;
Que fon cœur aifément fe laiffe défarmer,
Et qu'il aime fes Rois, autant qu'il peut aimer :

---

(7) On veut parler ici de Clément, Jacobin, qui ffaffina Henri III. à S. Cloud.

Mais je fais bien auffi jufqu'où le Fanatifme
Sur l'efprit des humains étend fon defpotifme.
Peins-toi ce jour afreux à l'horreur confacré ;
Vois parmi les mourans Coligny maffacré ;
C'eft là que, fous les coups & la haine de Rome,
Traîné dans la pouffière expira ce grand home.
Entens-tu ces clameurs, ces lamentables cris ? (8)
Vois le fang, à grands flots, ruiffelant dans Paris ;
Reconais à ces traits, dont frémit la Nature,
De nos Prêtres cruels (9) la funefte impofture.

BARBARES, arêtez... ô Ciel !... où courez-vous ?

---

(8) Le maffacre de la S. Barthelemi.

(9) L'Auteur fe flate qu'on lui fera la grace de croire qu'il n'a aucun deffein de faire rejaillir fur les Ecléfiaftiques de nos jours les reproches que fait Gabrielle d'Etrées à ceux du feiziéme Siècle. Se pourait-il que fous un régne où ils font les Sujets les plus fidéles & les Citoïens les plus paifibles, il les foupçonât capables des horreurs qu'ils font eux-mêmes les premiers à combatre ? Graces au Ciel ! les Prêtres & le Peuple font changés.

Quoi! le meilleur des Rois tomberait sous vos coups?
Arêtez..... Si le meurtre a pour vous tant de charmes,
Tournez contre mon sein vos parricides armes ;
Baignez-vous dans mon sang, frapez, déchirez-moi,
Frapez... mais respectez les jours de votre Roi.
Mais que dis-je ? ô Français, vous sentez mes alarmes ;
De vos yeux atendris je vois couler des larmes ;
Vous frémissez... vos sens sont saisis de terreur :
Pour comètre ce crime, il vous fait trop horreur.
Non, vous ne portez point des cœurs aussi barbares ;
Qui serait insensible à des vertus si rares ?
Peuple, aimez-le toujours : que toujours ses bienfaits
Soient gravés dans votre ame ; ah ! n'oubliez jamais
Ce jour si fortuné, ce jour où sa vaillance,
Pouvant vous acabler, fit place à sa clémence,
Et laissa dans vos pleurs éteindre son couroux ;
Où, satisfait de voir son Peuple à ses genoux,
Touché de vos regrets & de votre tendresse,
» Tout vous est pardoné, vous disait-il sans cesse,
» Mes Peuples, mes enfans, ô Français valeureux,
» Je ne vous combatais que pour vous rendre heureux.

Ne crains rien, cher Amant ; va, crois-moi, la Nature
N'enfante point trois fois un cœur assez parjure,
Un Monstre assez cruel pour tramer ce dessein :
Qui d'un Prince si bon voudrait percer le sein ?
Henri, t'en souviens-tu ? quand la Parque en furie
Ménaçait de couper la trame de ta vie,
Hélas ! tout le fardeau du céleste couroux
Parut en ces momens s'apesantir sur nous.
De quels cris douloureux nos temples retentirent ! (10)
Tout s'émut, tout trembla, tous les cœurs s'atendrirent.
Mais tout changea bientôt, quand, vainqueur du trépas,
Tu vis l'abîme afreux refermé sous tes pas.
Quels doux emportemens ! la France avec son Maître
Des portes du tombeau semblait aussi renaître.
Tu parus, & chacun voulut revoir son Roi ;
Tout un Peuple, en pleurant, volait autour de toi ;
Hélas ! sa douleur seule égala son ivresse :
Tout Français eut pour toi le cœur de ta maîtresse.
Par de nouveaux bienfaits resserre ce lien ;

---

(10) Henri IV. tomba malade, & tout Paris trembla pour ses jours. Il n'apartient qu'aux bons Rois de voir par ces épreuves combien ils sont chers à leur Peuple.

Poursuis. Que son bonheur soit à jamais le tien ;
Que, parmi les Héros de ta race immortelle,
Louis douze à ton cœur serve en tout de modèle ;
Qu'écrit en lettres d'or dans les fastes des Cieux ,
Son régne pour jamais soit présent à tes yeux ;
Des flateurs, come lui , redoute l'artifice ;
Que , près de toi , la paix marche avec la justice ;
Sous le poids acablant des subsides afreux,
Hélas ! n'écrase point tes Peuples malheureux ;
Que, dans tous tes conseils, la sagesse préside ;
Qu'en ton ame toujours l'humanité réside ;
Que dis-je ? cher Amant, excuse mon erreur :
Quelle est donc la vertu qui n'est point dans ton cœur ?
Hélas ! je m'en souviens : quand, déploïant ses aîles,
La mort couvrait Paris de ses ombres cruelles ;
Quand , tout souillé de sang , un Peuple factieux,
Sur des morts entassés, croïait monter aux Cieux ;
Quand , le Christ à la main , nos Prêtres sanguinaires
Excitaient les enfans à massacrer leurs pères :
» O Paris , disais-tu , les yeux baignés de pleurs ,
» Je ne puis à présent que plaindre tes malheurs :
» Mais si jamais le Ciel, trompant mon espérance,

» Fait

» Fait tomber dans mes mains le Sceptre de la France ;
» Si du Maître des Rois l'immortelle clarté
» Fait, du sein de l'erreur, sortir la vérité ;
» Peuples que je chéris, ô Français, ô mes frères,
» Qu'avec plaisir ma main finira vos misères !
» Ah ! combien votre sang me sera précieux !
» Vous, que l'erreur conduit, Prêtres séditieux,
» Coupables Protestans, Catholiques rebelles,
» Sous un Roi réunis vous serez tous fidéles ;
» Dans les utiles jours d'une éternelle paix,
» J'enchaînerai vos cœurs par le nœud des bienfaits.

BARBARES Partisans de maximes iniques,
O vous, Rois orgueilleux, vous, Princes tyranniques,
Qui, signalant vos jours par de sanglans projets,
Sous un Sceptre de fer acablez vos Sujets,
Venez, jétez les yeux sur cet Empire immense,
Voïez-y ce Monarque : il tient par la clémence
Tous les cœurs de son Peuple enchaînés sous ses loix.
L'orgueil fait les Tyrans ; la bonté fait les Rois.

LA bonté des BOURBONS n'est point cette faiblesse

E

Qui, fille de la crainte & sœur de la molesse,
Cède par indolence ou fuit par lâcheté,
Et qu'on brave toujours avec impunité :
C'est cette fermeté, c'est cette audace heureuse,
Qui, quelquefois sévère & toujours généreuse,
Soulage d'une main les maux que l'autre a faits ;
Qui ne sait se venger qu'à force de bienfaits ;
Qui, lorsque sa victime à ses coups s'abandone,
Au lieu de l'écraser, s'atendrit & pardone.
O France ! c'est ainsi que, te voïant périr,
HENRI par la clémence a su te conquérir.

O toi, dont la sagesse éternelle & profonde
Fait rentrer au néant les Puissances du Monde,
Auguste Protecteur des Peuples & des Rois,
Grand Dieu, du haut des Cieux entens ma faible voix ;
Par ma bouche aujourd'hui tout un Peuple t'implore.
Daigne abaisser les yeux sur un Roi qui t'adore.
Si tu prévois qu'un jour un Sujet inhumain,
Dans un Sang aussi cher, ose tremper sa main,
Que ce Monstre, étoufé dans le sein de sa mère,
Jamais de ses regards ne souille la lumière ;

Qu'il foit, s'il voit le jour, livré dès ce moment,
Avant d'être coupable, au plus afreux tourment;
Que son corps déchiré, par ta main vengerefse,
Renaifse à chaque inftant pour expirer fans cefse,
Et qu'enfin, fur la terre, il foit l'oprobre afreux
Des plus vils Scélérats de nos derniers neveux.

Ah! fi de l'avenir mon fonge eft le préfage,
Si des maux, que je crains, il m'ofre ainfi l'image,
Oui, dans ce même inftant qui me glace d'éfroi,
Du nombre des vivans, mon Dieu, retranchez-moi :
Mais fi ce fonge afreux n'eft qu'un fonge ordinaire,
D'un efprit éfraïé fantôme imaginaire,
Qui, né dans le fomeil, fe diffipe avec lui,
O Mort, fufpens tes coups, & permets aujourd'hui
Que, trop longtems témoin de ces triftes orages
Qui des Peuples Français ont troublé les rivages,
Je le fois des beaux jours qui vont briller fur eux.
Cher Amant, fi le Ciel daigne exaucer mes vœux;
Si j'en dois croire enfin ce que mon cœur m'infpire;
Tranquile pofsefseur du plus heureux Empire,
Bientôt tu vas, bravant le fort & les revers,

Adoré de ton Peuple, & craint de l'Univers,
Térasser, sous tes pieds, la Ligue frémissante ;
La France, par tes soins paisible & florissante, (11)
Véra sur les deux mers floter ses pavillons ;
Les épis vont couvrir nos fertiles sillons ;
Les Arts vont déploïer leur sublime génie ;
Les Muses jusqu'aux cieux vont porter l'harmonie ;
Et l'Europe, admirant ton regne & tes vertus,
Véra revivre en toi Jule, Auguste & Titus.
Peut-être par ses chants vérons-nous un Orphée (12),
Élever à ta gloire un superbe trophée ;
Et Paris, étoné de sa vaste grandeur,
Poura de Rome un jour égaler la splendeur.
Qu'en te voïant heureux j'expirerais contente !
Mais le Ciel prend plaisir à tromper mon atente.

---

(11) Si HENRI IV. avait vécu plus longtems, la France aurait sûrement acquis sous son règne cet éclat qu'elle eut depuis sous celui de LOUIS XIV.

(12) Gabrielle d'Etrées, lisant dans l'avenir, veut, sans doute ici désigner la Henriade que les conaisseurs en Poésie métent au rang du petit nombre des chefs-d'œuvres de la vérsification françaisé.

Puiſſe ce Dieu ſuprême, arbitre de nos jours,
A tes heureux deſtins acorder un long cours,
Verſer ſur tes Etats tous les bienfaits enſemble,
Et donner à nos fils un Roi qui te reſſemble !

ALORS qu'un ſoin preſſant t'aracha de ce lieu,
Je ne crus point te dire un éternel adieu.
O Mort ! que ton image eſt afreuſe & terrible !
Que du monde au tombeau le paſſage eſt horrible !
Henri, qu'il eſt cruel d'aler en un inſtant
Du faîte du bonheur au goufre du néant !
Ce n'eſt pas que mon ame, à l'intérêt ouverte,
Des biens, que tu promis, déplore ici la perte ;
Hélas ! tu le ſais bien ; contente de ta foi,
Gabrielle, en mourant, ne regrète que toi.

CHER Prince, cher Amant, la mort la plus barbare,
Quand l'amour nous unit, pour jamais nous ſépare :
Pour jamais.... juſte Ciel !... je ne te vérai plus :
Suſpendez un moment vos décrets abſolus,
Inflexible Deſtin, puiſſant Dieu que j'implore ;
Permètez à mes yeux de le revoir encore.

Mais ç'en est fait : la force abandone mes sens ;
Je succombe, ô mon Dieu, sous les maux que je sens.
Adieu : ma plume échape, & la mort, qui m'apelle,
S'aprête à m'enfermer sous la tombe éternelle.
Adieu : que mon trépas n'excite point tes pleurs,
Henri, mon cher Henri, je t'embrasse... je meurs.

FIN.

CATALOGUE

Des Ouvrages de M. BLIN DE SAIN MORE, *qui se trouvent chez Sebastien Jorry.*

LETTRE de Biblis, à Caunus son frère, précédée d'une Lettre à l'Auteur & ornée d'Estampes & de Vignettes, dessinées par MM. Gravelot & & gravées par MM. Aliamet & de Longueil.   1 l. 16 s.

LETTRE de Gabrielle d'Etrées à Henri IV. précédée d'une Epître à M. de Voltaire, & de sa réponse, ornée d'Estampes, &c.   1 l. 16 s.

LETTRE de Sapho à Phaon.

LETTRE de Calas à sa femme.

Ces deux derniers Ouvrages paraîtront incessamment, & seront aussi ornés de Gravures.

www.ingramcontent.com/pod-product-compliance
Lightning Source LLC
Chambersburg PA
CBHW060505050426
42451CB00009B/820